CATALOGUE ABRÉGÉ

DES

MÉDAILLES

DU CABINET DE FEU M. DU VAU,

ANCIEN CAPITOUL DE TOULOUSE.

LE CABINET dont on donne ici le Catalogue abrégé, est connu depuis long-tems, non-seulement à Paris & dans les Provinces du Royaume, mais encore dans les Pays étrangers : c'est le fruit d'un travail qui a coûté bien des peines & des soins, & de grandes dépenses pendant quarante à cinquante ans.

M. CLAUDE PICARD DU VAU, ancien Capitoul de la Ville de Toulouse, a formé cette riche & nombreuse Collection de Médailles : il l'a augmentée & perfectionnée par les Relations qu'il avoit en Italie, en Angleterre, en Hollande, dans les Pays-Bas & dans toutes les Villes de France, où il y a des Curieux de Médailles.

Cette Collection fut considérablement enrichie par l'acquisition qu'il fit de toutes les Médailles d'or du Cabinet de M. le Président de Maisons : il étoit déjà plus riche en ce genre que ce Magistrat; un très-grand nombre des Médailles qu'il achetoit étoient dans son Cabinet; mais elles ne lui ont pas été inutiles, elles lui ont servi à en acquérir d'autres qu'il n'avoit pas.

A

M. du Vau connoissoit très-bien la Littérature des Médailles, & il a formé dans cette connoissance plusieurs Personnes qui y sont devenues très-habiles.

Les Curieux en ce genre trouveront dans ce Cabinet une Suite de plus de treize cens Médailles d'or Anciennes, Grecques & Romaines, très-rares par leurs différens revers & très-bien conservées ; & plus de quatre cens antiques en argent & en bronze, & quantité de modernes en or & en argent : il y a aussi dans ce Cabinet bon nombre de pierres gravées par les plus célèbres Artistes de l'Antiquité ; bon nombre de Portraits en miniature du fameux Petitot, des Tableaux, beaucoup de Livres & autres Bijoux curieux. Ce Cabinet est à vendre dès-à-présent : on peut s'adresser à M. DE L'ILLE, frère de M. du Vau, Rue-Neuve des Bons-Enfans, à la quatrième porte au-dessus du Maréchal.

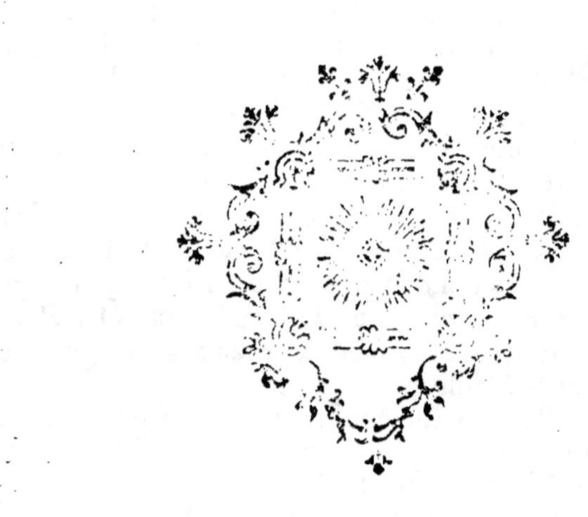

CABINET
DES MÉDAILLES D'OR ANTIQUES
DE FEU M. DU VAU,
ANCIEN CAPITOUL DE TOULOUSE.

SUITE DES MÉDAILLES GRECQUES.

QUINZE MÉDAILLES de Philippe, Roi de Macédoine, dont il y en a quatre qui sont Quinaires; elles sont bien conservées, pour la plus grande partie, & chacune a dans son revers quelque Type particulier qui la distingue.

Dix-sept d'Alexandre-le-Grand, fils de Philippe, qui sont aussi d'une belle conservation pour la plûpart, & qui diffèrent entr'elles par quelque caractére particulier au revers.

Deux d'entre ces Médailles sont Didrachmes; & chacune pése quatre gros & trente-six grains; il n'y en a qu'une qui soit petite & Quinaire.

Sept du Roi Lysimaque, dont une pése une once un gros dix grains, une autre six gros neuf grains: ces deux sont très-bien conservées: les cinq autres ne le sont pas moins : elles ont, ainsi que celles d'Alexandre, quelque différence dans les revers.

Une très-belle Médaille du Roi Pyrrus.

Deux Médaillons de Ptolomée, avec l'Inscription Grecque Θεων Αδελφων : Ptolomée Soter & la Reine Bérénice d'un côté, & de l'autre, Ptolomée Philadelphe & Arsinoé; ces deux Médaillons sont très-beaux, & ne diffèrent que par la grandeur & le poids; l'un pése sept gros dix-huit grains; l'autre, trois gros quarante-deux grains.

Quatre Médailles très - petites de Ptolomée Soter, qui ne diffèrent que par certaines lettres dans les revers.

Une autre petite très-bien conservée de la Reine Bérénice.

Un grand & beau Médaillon de la Reine Arsinoë, il pèse sept gros quatorze grains.

Un autre très-beau Médaillon d'Hiéron Roi de Syracuse, pesant une once & cinquante-quatre grains, c'est le seul qu'on connoisse en or.

MÉDAILLES DES VILLES GRECQUES.

Un grand Médaillon Tétradrachme, qui, d'un côté représente une Reine : & de l'autre, Hercules, avec cette Inscription en Grec : ΣΩΤΕΡΟΣ ΘΑΣΙΩΝ ΗΡΑΚΛΕΟΣ.

Un autre grand Médaillon sans Inscription, pesant une once quatre gros cinquante & un grains : d'un côté on y voit une tête de femme & celle de Méduse sur un Bouclier : de l'autre, différentes Figures.

Cinq Médailles de Syracuse bien conservées, chacune a son revers différent ; il y en a trois fort petites, dont deux paroissent seulement dorées.

Treize Médailles fort petites, dont quelques-unes paroissent être de Cyréne, les autres de différentes Villes.

Trois autres plus grandes.

Deux de la Ville de Coson en Etrurie.

Une très-rare de la Ville de Cyréne : d'un côté est un Quadrige conduit par la Victoire : de l'autre, un Vieillard qui fait des libations sur un autel.

Dix-sept petites Médailles d'or pâle du même poids de quarante-sept grains, & de la même fabrique, qui paroissent être de la Ville de Catane en Sicile : elles représentent quelqu'unes des Déités antiques & différens revers.

Une Médaille très-belle & très-bien conservée, où on l'on voit d'un côté une tête d'homme avec ces caractéres, B. A. de l'autre, une femme couronnée de Tours; avec ceux-ci, N. II.

Une autre Médaille, dont l'Inscription est en caractéres inconnus, & qu'on juge être Puniques.

Quatre Piéces de monnoye dont deux sont assez grandes, & les deux autres le sont moins, elles ont des Inscriptions en caractéres Arabes des deux côtés.

SUITE DES MÉDAILLES ROMAINES

CONSULAIRES.

Trois Médailles, où l'on voit Mars casqué d'un côté, & de l'autre, un Aigle sur un foudre avec l'Inscription, *Roma*, deux sont Quinaires.

Une autre, où l'on voit d'un côté Janus avec ses deux visages, & de l'autre un Sacrifice avec *Roma*.

Une autre, où est encore une tête casquée sans Inscription d'un côté, & de l'autre une femme assise devant un Autel, avec *Securitas P. R.* celle-ci est très-bien conservée.

Deux de Clodius.

Une de Fabricius.

Deux de Mussidius Longus.

Deux de Norbanus.

Une de Numonius Vaala, rare & qui n'est pas connue.

Deux de Vibius Varus très-belles & fort rares.

Une de L. Satur.

Une de Hostilius Saferna.

Deux de L. Sulla, dont l'une a sur son revers, *Imper. iterùm;* l'autre qui est très-belle, pése deux gros cinquante-six grains.

Deux de Cassius, l'un des Conjurés contre Jules-César : dans l'une & dans l'autre, est la Tête de la Liberté : au revers de l'une est une Prouc de Navire ; au revers de l'autre, un Trépied couvert de la peau du Serpent Pithon ; celle-ci est très-rare.

Une de Brutus, où il est représenté, & sur le revers, le Bonnet de la Liberté entre deux poignards, avec l'Inscription, *Eid. Mar.*

MÉDAILLES DES EMPEREURS ROMAINS.

JULES CÉSAR.

Huit Médailles de Jules-César, dont l'une repréſente la tête de Céſar voilée, & eſt très-rare & très-belle ; d'autres repréſentent la Piété, la Victoire, Venus ; les autres, Céſar & Octavien au revers.

POMPÉE.

Deux Médailles de Pompée ; dans l'une il eſt repréſenté ſous la figure de Neptune & une Galére au revers ; dans l'autre, on croit que c'eſt Sextus Pompée qui eſt repréſenté, avec cette Légende : *Magnus Pius Imper. item* & au revers, *Præf. Cl. ſ. & oræ mariti. ex S. C.* avec les têtes du Grand Pompée, pére de Sextus & de Cnœus Pompée ſon frére.

LÉPIDUS.

Deux Médailles de Lépidus qui repréſentent la tête, avec l'Inſcription, *M. Lepidus III vir R. P. C.* ſur le revers de l'une eſt une Veſtale ; ſur celui de l'autre, Mars caſqué ; ces deux Médailles ſont bien conſervées, & d'une rareté extraordinaire.

M. ANTOINE.

Quatre Médailles de Marc Antoine le Triumvir, où on voit la tête d'un côté ; ſur le revers de trois, celles de Céſar Triumvir, avec quelque différence dans les Légendes ; ſur celui de la quatriéme eſt la Piété qui tient un Encenſoir devant un Autel : ces quatre Médailles ſont très-belles & rares.

AUGUSTE.

Vingt-huit Médailles d'Auguſte, parmi leſquelles il y a des revers très-rares, comme *Armenia capta*, *Marti ultori*, Tiridate qui offre ſon fils à l'Empereur, l'Enlévement des Sabines, *Civibus ſervatis*, deux *Cæſar Divi filius*, avec deux revers différens & très-beaux ; deux *Principes Juventutis : Ob civis ſervatos* ; *Civibus & ſignis militaribus à Parth. recept.* un Tibére : il s'y trouve auſſi trois Quinaires.

LIVIE.

Un grand Médaillon pesant une once un gros onze grains; d'un côté est la Piété; on croit que c'est Livie qui est représentée sous cet emblême; au revers est la Déesse Vesta.

TIBERE.

Cinq Médailles de Tibére, dont il y en a deux qui ont un Auguste au revers & un Quinaire, toutes sont bien conservées.

DRUSUS.

Trois Drusus bien conservés, dont deux ont pour revers un Arc de Triomphe, avec l'Inscription, *De Germanis*.

ANTONIA.

Deux Antonia belles & rares; l'une a au revers, *Sacerdos Divi Augusti*.

GERMANICUS.

Une Médaille de Germanicus, qui a au revers la tête de Caligula.

AGRIPPINE.

Une Médaille d'Agrippine, Mére de Caligula, & la tête de Caligula au revers.

CALIGULA.

Cinq Médailles de Caligula rares & très-belles; deux ont au revers Auguste mis au rang des Dieux; & une autre, Agrippine, Drusille & Julie, Sœurs de cet Empereur.

CLAUDE.

Vingt-deux de l'Empereur Claude, dont il y en a une qui a pour revers, *Agrippinæ Augustæ*; trois autres, un Arc de Triomphe, avec, *De Britannis*: trois *Imper. recept.* un *Prætor receptus*; un, la tête de Néron Adolescent; ces deux derniéres sont très-belles & fort rares.

AGRIPPINE.

Une Médaille d'Agrippine, femme de Claude, & au revers, l'Empereur Claude.

NÉRON.

Vingt-sept Nérons, parmi lesquels on remarque deux

revers où se trouvent Auguste & Livie ; un où se trouvent Néron & sa mére Agrippine qui se regardent ; un autre , où ils sont unis ensemble , & sur le revers un quadrige d'Eléphans , dans lequel ils sont assis l'un & l'autre ; un où le Temple de Janus est fermé, avec cette Légende, *Janum clusit pace P. R. terrá marique partá* ; un, où il est appellé *Princ. Juvent.* & au revers, *Sacerdos cooptatus , in omni conl. supra numerum ex S. C.*

G A L B A.

Sept Galba , dont deux ont pour revers Livie son épouse ; deux autres avec la Légende , *Roma renasces* ; un , avec le fleuve du Tibre.

O T H O N.

Trois Othons fort rares : l'un avec le revers, *Pax orbis terrarum* ; les deux autres , avec *Securitas P. R.*

V I T E L L I U S.

Huit Vitellius très-rares & bien conservés : l'un a pour revers *consensus exercituum* ; un autre, *Concordia P. R.* un autre , *Vesta P. R. Quiritium* ; & un enfin *Liberi Imp. Germ. Aug.*

V E S P A S I E N.

Quarante-quatre Médailles de Vespasien avec les revers les plus curieux , tels que les têtes de Tite & de Domitien qui se regardent ; mais le plus rare & le plus beau , c'est le Triomphe de cet Empereur après la prise de Jérusalem , où on voit Vespasien couronné par la Victoire , & Simon l'un des Chefs des Juifs qui est conduit devant le char, les mains liéesderriére le dos.

T I T E.

Trente-deux de l'Empereur Tite, dont un a pour revers la Judée captive assise au pied d'un Palmier, & deux sont restituées par l'Empereur Trajan.

J U L I A   T I T I.

Une Médaille où on voit la tête de Titus ornée de rayons : & au revers, celle de Julie sa fille, avec cette Légende , *Julia Augusta Divi Titi F.*

D O M I T I E N.

Vingt-quatre de Domitien, dont il y a de très-beaux revers.

DOMITIA.

Deux Domitia , dont l'une très-rare & très-bien
conservée , a pour revers un Paon signe de sa consécration ; l'autre , une tête de Domitien.

NERVA.

Huit Médailles de l'Empereur Nerva, dont une qui
a pour revers, *Salus publica*, est très-rare & très-
belle.

TRAJAN LE PERE.

Une Médaille de Trajan le Pére où il est appellé
Divus ; & au revers est l'Empereur Trajan , elle est
très-bien conservée & rare.

TRAJAN.

Cinquante Trajans, parmi lesquels se trouvent les
revers les plus rares de cet Empereur, comme *Alim.*
Ital. Basilica Ulpia , Conservatori Patris Patriæ ,
Divi Nerva & Trajanus Pat. Forum Trajani , Regnæ
adsignata , Rest. Ital. Via Trajana : deux *Vota suscepta,*
la Colomne Trajane, le Phœnix qui est de la plus
grande rareté : ces Médailles sont toutes très-belles &
parfaitement bien conservées ; il s'y trouve aussi un
Quinaire.

PLOTINE.

Deux Plotines très-bonnes & rares.

MARCIANA.

Une Médaille très-rare de la Consécration de cette
Princesse.

MATIDIA.

Une autre de Matidie , fille de Marciana , aussi fort
rare.

ADRIEN.

Soixante Adrien, dont deux Quinaires qui ne sont
pas connus des Antiquaires : il se trouve dans ce nombre des revers très-rares & très-beaux, comme le Génie du Sénat qui donne la main à l'Empereur , la
figure de Rome au milieu d'eux ; l'Empereur & la
Ville de Rome qui sacrifient sur un autel ; le Soleil
daus un quadrige ; l'Empereur au milieu d'Enseignes
militaires ; l'Egypte , l'Afrique , l'Espagne , le Nil , le

Soleil levant, l'Empereur recevant un Globe des mains de Jupiter, le Temple d'Hercule, différentes Libéralités ; le revers, *Restitutori Achaiæ*, le *Vota publica*, qui porte au moins cinq figures bien distinguées, *V. S. pro reditu*, où on voit le Génie du Sénat, & celui du Peuple Romain qui sacrifient : le *Veneri Genitrici*, & autres rares & bien conservées.

S A B I N E.

Cinq Médailles de Sabine, femme d'Adrien.

Æ L I U S - C Æ S A R.

Trois d'Ælius Cæsar très-bien conservées, & qui sont rares.

A N T O N I N - P I E.

Soixante-douze Médailles d'Antonin-Pie, dont un Quinaire, & un grand nombre de très-beaux revers, entr'autres, *Consecratio*, *Fortuna obsequens*, *Lætitia Cos.* dont le revers est Faustine la mère & Faustine la fille, différentes Libéralités : toutes ces Médailles sont belles & bien conservées.

F A U S T I N E   L A   M E R E.

Dix-sept Faustines, dont il y a plusieurs revers beaux & rares, comme le Temple où elle est assise ; un autre, dans lequel la Princesse tient des flambeaux allumés dans les mains ; un, où on la voit dans un Char traîné par des Éléphans : un enfin dont l'Inscription, *Junoni Reginæ,* & qui n'est pas connu des Antiquaires.

M A R C   A U R E L E.

Quarante-sept Médailles de l'Empereur Marc-Aurèle, toutes de différens revers, belles & bien conservées.

F A U S T I N E   L A   J E U N E.

Quinze de Faustine la jeune, aussi très-belles.

L.   V E R U S.

Dix-huit de L. Vérus avec des revers singuliers, on y trouve *Cong. Aug.* ; *Profectio Aug.* ; *Rex Armen. datus.*

L U C I L L E.

Quatre Lucilles qui ne sont pas moins belles que les précédentes.

C O M M O D E.

Huit Commodes tous très-beaux & fort rares, il y

... à même qui n'ont pas été connus jufqu'ici en or, comme celui qui a au revers l'Infcription , *Spes publica*, & un Quinaire qui eft extrémement rare.

CRISPINE.

Une Crifpine fort belle, dont le revers eft, *Venus felix.*

PERTINAX.

Trois Pertinax avec de fort bons revers.

DIDIUS JULIANUS.

Trois Didius Julianus bien confervés.

MANLIA SCANTILLA.

Une Manlia Scantilla dont le revers eft *Juno Regina.*

DIDIA CLARA.

Une Didia Clara fort rare, dont le revers eft, *Hilaritas Temporum.*

PESCENNIUS NIGER.

Une Médaille de Fefcennius Nigerius, dont le revers eft, *Moneta Aug.*

SEPTIME SEVERE.

Seize de Septime Sévère, où fe trouvent les revers les plus beaux & les plus rares, comme fa Confécration, *Felicitas fæculi*, où on voit la tête de Julia Domna entre celles de Géta & de Caracalla , *Legio IIII*, *Liberalitas Aug.* dans ces feize Médailles il y en une fourrée.

JULIA DOMNA.

Cinq de Julia Domna toutes belles & rares , fur-tout celles dont le revers eft, *Vefta Mater.*

CARACALLA.

Seize Caracalla qui ont de beaux & bons revers ; la plus grande partie font des Déités ; il y en a une de fourrée.

PLAUTILLE.

Deux Plautille , dont l'une a pour revers , *Propago Imperi*, d'une beauté & d'une confervation merveilleufe.

GETA.

Une de l'Empereur Géta , au revers de laquelle on voit cet Empereur & Caracalla fon frère, fe donner la main , avec, *Concordiæ Augg.*

MACRIN.

Cinq Macrins, dont un qui a pour revers, *Fides Militum*, est très-rare & très-bien conservé.

ELAGABALE.

Cinq Elagabales, parmi lesquels se trouve le revers *Conservator Aug.* où se voit un char dans lequel est la pierre qui étoit son Dieu.

SOÆMIAS.

Une Soæmias, dont le revers, *Venus Cælestis.*

JULIA MÆSA.

Deux Julia Mæsa, dont l'une a pour revers, *Juno,* & l'autre, *Sæculi Felicitas.*

SEVERE ALEXANDRE.

Douze Sévére Alexandre presque tous beaux & bien conservés ; il s'y trouve un Quinaire.

MAMÆE.

Une Julia Mamæa, dont le revers est, *Felicitas publica.*

MAXIMIN.

Deux Médailles de l'Empereur Maximin, dont l'une a pour revers Æsculape, & pour inscription, *Salus Augusti.*

PAULINE.

Une de Pauline, qui est sa Consécration.

LES GORDIENS D'AFFRIQUE.

Une du vieux Gordien, qui a pour inscription au revers, *Romæ æternæ*, & une du jeune qui a, *Victoria Augg.*

BALBIN & PUPPIEN.

Deux de Balbin, dont l'une a pour revers, *Pietas mutua Augg.* l'autre, *Victoria Augustorum ;* & une de Puppien.

GORDIEN PIE.

Six de Gordien Pie, belles & bien conservées.

PHILIPPE FILS.

Deux de Philippe le Fils, où il n'a que la qualité de César, & au revers celle de Prince de la Jeunesse. Ces médailles sont très-rares & bien conservées.

TRAJAN DÉCE.

Trois Trajan Déce, dont l'un a pour revers, *Genius Exerc. Illyriciani*, & une autre, *Uberitas Aug*.

HERENNIUS.

Un Quintus Hérennius Decius César, & au revers, *Principi Juventutis*.

HOSTILIANUS.

Un Hostilianus aussi César, avec la même inscription au revers.

TREBONIEN GALLE.

Un Trébonien Galle Auguste, au revers, *Apoll. salutari*.

VOLUSIEN.

Un Volusien, dont le revers est un Temple, *Junoni Martiali*.

VALERIEN.

Deux Valerien, dont l'un a pour revers, *Jovi Conservatori*, & l'autre, *Virtus Augg*.

GALLIEN.

Six Gallien, dont un qui a pour inscription, *Fidei Præt*. est très-rare & inconnu même aux Antiquaires.

POSTUME PERE.

Cinq Postumes, dont deux rares & beaux; l'un a pour inscription au revers *Nept. Comiti*; l'autre, *Quinquennales Postumi*.

LÆLIANUS.

Une Médaille de Lælianus, dont le revers est, *Temporum felicitas*; c'est une très-belle Médaille & d'une rareté extraordinaire.

VICTORIN.

Une de Victorin avec le revers, *Leg. XX. Val. Victrix*; cette Médaille est inconnue en or aux Antiquaires.

CLAUDE LE GOTHIQUE.

Une de Claude; le revers, *Victoria Aug*.

AURELIEN.

Deux d'Aurélien très-belles & bien conservées, dont l'une est un Médaillon, & porte au revers, *Adventus Augusti*.

SÉVERINE.

Une Médaille de Séverine qui est fourrée.

TÉTRICUS LE PERE.

Cinq de Tétricus, toutes fort rares & peu connues des Antiquaires.

TACITE.

Deux de l'Empereur Tacite qui sont peu communes.

PROBUS.

Huit de Probus, dont il y en a cinq inconnues à Mezzabarba & autres Antiquaires; elles sont bien conservées.

CARUS.

Une de Carus, dont le revers est, *Pax æterna.*

CARIN & NUMERIEN.

Une très-belle Médaille qui représente Carin & Numerien, *capita jugata,* dont le revers est, *Victoria Augg.* cette Médaille n'a pas été publiée jusqu'ici.

DIOCLETIEN.

Six de Dioclétien, dont il y en a une rare & singuliére, & un Quinaire qui est aussi très-singulier & non encore publié.

MAXIMIEN.

Quatre de Maximien, dont il y en a une belle & rare qui a pour revers, *Herculi Victori.*

DIOCLETIEN & MAXIMIEN.

Un Médaillon très-beau des deux Empereurs, *capita adversa,* il est aussi très-rare; au revers on voit les deux Empereurs qui sacrifient sur un Autel à Jupiter & à Hercule, avec cette inscription, *Jovi & Herculio.*

CONSTANCE CHLORE.

Trois Médailles belles & rares, dont deux ne donnent à Constance que le nom de César : l'une a pour revers, *Jovi Fulguratori,* l'autre, *Virtus Herculii Cæsaris ;* une troisiéme lui donne la qualité d'Auguste.

SEVERE.

Une Médaille très-belle & très-rare du César Sévère, dont le revers porte, *Concordia Augg. & Cæss. N. N.*

MAXIMIEN GALERE.

Une autre auſſi très-belle & qui n'eſt point connue des Antiquaires , du Céſar Galére Maximien, dont le revers porte, *Jovi Conſervat. Augg. & Cæſſ. IV. N.*

MAXIMIN.

Une du Céſar Maximin , dont le revers eſt , *Virtus Augg. & Cæſſ.*

LICINIUS.

Deux de Licinius , dont une porte au revers, *Jovi Conſervatori* , & l'autre très-rare , & qui même n'a point été publiée , a *Marti Conſervatori.*

CONSTANTIN.

Vingt Médailles du Grand Conſtantin , dont il y a pluſieurs qui ſont très-belles & très-rares , comme celle dont la Légende eſt, *Gaudium Romanorum*, & l'Exergue *Francia* ; une autre ſemblable , à l'exception de l'Exergue *Alamannia* , *Gloria Exercitûs Gallici* , *Reſtitutor Libertatis* , *Viſtor omnium Gentium* , *Viſtoriæ lætæ Princ. Perp. Virtus Exercitûs Gallici*, & *Viſtoria Conſtantini Aug.* où ſe trouve , pour la première fois, le monogramme de Jeſus-Chriſt.

CONSTANTIN LE JEUNE.

Une ſeule Médaille du jeune Conſtantin Céſar , mais très-belle & très-rare, inconnue aux Antiquaires ; le revers eſt , *Securitas Reipublicæ.*

CONSTANS.

Neuf de Conſtans, dont une ne lui donne que la qualité de Céſar ; elles ſont preſque toutes belles & bien conſervées.

CONSTANCE.

Vingt-ſix Conſtantius , dont deux Quinaires très-beaux ; il y a dans ce nombre des Médailles rares , comme *Felicitas perpetua* , *Felicitas Reipublice* par un *e* ſimple ; & un très-beau & très-grand Médaillon qui eſt unique & inconnu à tous les Antiquaires , dont le revers repréſente les trois Fils du Grand Conſtantin , avec cette Légende, *Salus & ſpes Reipublicæ.*

MAGNENCE.

Quatre Médailles de Magnence , dont un très-beau Quinaire.

DECENTIUS.

Une de Cæsar Décentius rare & belle : le revers ; *Vict. Cæsar. Lib. Roman.*

CONSTANTIUS GALLUS.

Une du Cæsar Constantius Gallus, aussi fort belle & très-rare, dont le revers est, *Gloria Reipublicæ.*

JULIEN.

Trois Julien, dont un très-beau & fort rare, où il est qualifié Cæsar.

JOVIEN.

Un Jovien très-bien conservé, dont l'Inscription de la tête est fort singuliére, *D. N. Jovianus P. F. P. Aug.*

VALENTINIEN.

Trente-une Médailles de l'Empereur Valentinien, parmi lesquelles sont trois Quinaires très-rares & très-beaux.

VALENS.

Vingt-sept de Valens ; il y a dans ce nombre un Médaillon très-beau & extraordinairement rare, qui a pour revers, *Felix Adventus Auggg.* ; une autre qui n'a pas encore été publiée, & qui porte, *Gloria Reipublicæ*, & un Quinaire.

GRATIEN.

Douze de Gratien, dont il y a deux belles & inconnues aux Antiquaires ; l'une a pour revers, *Gloria novi sæculi* ; l'autre, *Victoria Augustorum*, & un Médaillon très-beau, *Gloria Romanorum.*

VALENTINIEN LE JEUNE.

Treize de Valentinien le Jeune, dont une, *Gloria Romanorum*, est fort singulière, & n'avoit point été publiée.

THEODOSE LE GRAND.

Onze du grand Théodose, parmi lesquelles sont trois Quinaires, dont un fort rare.

MAXIME.

Trois Maximes, dont un Quinaire très-rare.

VICTOR.

Un Quinaire de Victor qu'on ne connoissoit point encore. EUGENE

(17)

EUGÉNE.

Deux Médailles d'Eugéne, dont l'une est très-belle & très-rare.

ARCADE.

Quinze d'Arcade, dont deux très-rares, & un Quinaire.

ÆLIA EUDOXIA.

Un Quinaire extrêmement rare d'Ælia Eudoxia.

HONORÉ.

Quatorze Médailles d'Honoré, dont il y a quelques-unes qui sont rares & singulières, & une fourrée : il y a parmi ces quatorze médailles cinq Quinaires, dont un, *Gloria Romanorum*, n'étoit pas encore connu.

CONSTANTIN LE TYRAN.

Trois du Tyran Constantin, très-rares.

JOVIN.

Une très-belle & très-rare de Jovin, qui a pour revers, *Restitutor Reipublicæ.*

PRISCUS ATTALUS.

Une de Priscus Attalus, qui n'est ni moins rare, ni moins belle, & qui a pour revers, *Invicta Roma Æterna.*

THÉODOSE LE JEUNE.

Huit de Théodose le Jeune, dont une très-belle & non encore publiée, & un Quinaire.

EUDOXIE.

Une Médaille d'Eudoxie qui est belle ; au revers, *Salus Reipublicæ.*

JEAN.

Une Médaille fort belle & fort rare, & un Quinaire aussi très-beau & très-rare de l'Empereur Jean.

PLACIDIE.

Deux Médailles de Placidie rares, belles & bien conservées.

PLACIDE VALENTINIEN.

Cinq Médailles & six Quinaires de Placide Valentinien, dont la plûpart sont bien conservés.

PETRONE MAXIME.

Une belle & rare de Petrone Maxime.

(13)
MARCIEN.
Cinq de Marcien qui font auffi bien confervées.
PULCHÉRIE.
Un Quinaire très-rare de Pulchérie.
AVITUS.
Une Médaille belle & rare d'Avitus.
LEON.
Quatre Médailles de l'Empereur Leon, & trois Qui-
naires, dont deux n'ont point encore été publiés.
VÉRINA.
Une Médaille de Vérina.
MAJORIEN.
Deux Médailles & trois Quinaires de Majorien.
LIBIUS SÉVERUS.
Deux Médailles & deux Quinaires de Libius Sévérus.
ANTHÉMIUS.
Six d'Anthémius bien confervées, dont un Qui-
naire.
OLYBRIUS.
Une belle & rare d'Anicius Olybrius ; au revers, une
Croix, avec la *Légende*, *Salus mundi*.
GLYCERIUS.
Un Quinaire extrêmement rare de Glycerius.
ZÉNON.
Quatre Médailles & quatre Quinaires de Zénon.
JULIUS NÉPOS.
Une Médaille de Népos très-belle & très-rare, &
trois Quinaires du même Prince, dont l'un eft d'or
pâle.
ROMULUS AUGUSTUS.
Un Quinaire rare de Romulus Auguftus.
BASILISQUE.
Une Médaille rare & belle de Bafilifque, & un
Quinaire qui n'eft pas moins rare.
ANASTASE.
Neuf Médailles & huit Quinaires d'Anaftafe, dont
il y a quelques-uns qui font fort finguliers.

JUSTIN.

Cinq Médailles, dont deux très-belles ; & neuf Quinaires de Justin.

JUSTINIEN.

Neuf Médailles & neuf Quinaires de Justinien.

JUSTIN LE JEUNE.

Un Quinaire de Justin le Jeune.

TIBÉRE CONSTANTIN.

Trois Médailles & deux Quinaires de Tibére Constantin, dont un très-beau.

MAURICE.

Deux Médailles & quatre Quinaires de Maurice.

PHOCAS.

Cinq Médailles & trois Quinaires de Phocas, presque tous bien conservés.

HÉRACLIUS.

Une Médaille & quatre Quinaires d'Héraclius.

HÉRACLIUS & HÉRACLIUS-CONSTANTIN.

Sept Médailles d'Héraclius & d'Héraclius Constantin, dont deux bien conservées.

HÉRACLIUS, HÉRACLIUS - CONSTANTIN, & HÉRACLÉONAS.

Trois Médailles de ces trois Princes sans Inscription aux têtes.

CONSTANS & CONSTANTIN.

Deux Médailles de Constans & de Constantin son fils, dont une belle.

CONSTANTIN POGONAT.

Douze de Constantin Pogonat, dont quelques-unes bien conservées.

TIBÉRE ABSIMARE.

Un Quinaire très-rare de Tibére Absimare.

ARTÉMIUS ANASTASE.

Une Médaille très - belle & très-rare d'Artémius Anastase.

LÉON L'ISAURIEN.

Trois Médailles de Leon l'Isaurien.

CONSTANTIN COPRONYME.

Deux Médailles d'or pâle, & un Quinaire du même métal de Constantin Copronyme.

IRÈNE.

Une très-belle & très-rare Médaille, qui des deux côtés, représente Irène.

NICÉFORE & STAURATIUS.

Deux Médailles frustes, qui d'un côté représentent Nicéfore, & Stauratius de l'autre.

MICHEL RHANGABÉ.

Une Médaille d'or pâle de Michel Rhangabé.

THÉOPHILE.

Une Médaille qui représente Théophile d'un côté ; & de l'autre, Michel & Constantin ses enfans : deux autres représentent Théophile des deux côtés.

BASILE & CONSTANTIN.

Deux de Basile & Constantin ; & au revers, l'Image de Jesus-Christ.

CONSTANTIN PORPHIROGENÉTE.

Deux de Constantin Porphirogenéte, qui ont aussi au revers l'Image de Jesus-Christ.

ROMAIN DIOGÈNES.

Une Médaille de cet Empereur bien conservée.

NICÉPHORE BOTONIATES.

Une de Nicéphore qui est d'or pâle.

JEAN COMNÈNE.

Une de Jean Comnène.

ANDRONIC COMNÈNE.

Deux d'Andronic Comnène.

ISAAC L'ANGE.

Deux d'Isaac l'Ange, d'or pâle.

MÉDAILLES DOUBLES.

Il y a dans ce Cabinet cinq Médailles doubles bien conservées ; sçavoir, Caligula, deux Claude, Magnence & Constantin le Tyran.

MÉDAILLES DOUTEUSES.

Il s'y trouve auffi feize Médailles douteufes, dont dix très-belles ; fçavoir, deux Ælius Céfar, deux Didius Julianus, Didia Clara, Julia Domna, deux Plautilles, Septimius Géta & Sévére Alexandre.

MÉDAILLES INCERTAINES.

Une très-belle Médaille qui repréfente un Roi barbare : & au revers, un Taureau qui regarde le Soleil levant, avec des Infcriptions en caraétéres Romains qui font finguliers ; elle péfe un gros foixante-cinq grains.

Une autre belle Médaille qui repréfente un Empereur couronné par la Sainte Vierge : & au revers, Jefus-Chrift : les caraétéres de la Légende font effacés : on la croit du tems des Ducas ou des Commènes.

Huit Quinaires, dont trois font d'or pâle, dont on croit les uns du tems d'Anaftafe, de Juftin & Juftinien ; les autres du tems de Tibére Conftantin, de Conftantin Pogonat, ou de Copronyme.

Vingt autres Médailles antiques, dont les unes ont des Infcriptions Grecques, d'autres en ont de Latines, & un grand nombre n'en ont point du tout.

Quatorze Médailles très-bien frappées, qui fe trouvent rarement dans un même Cabinet ; une repréfente Mahomet le faux Prophéte ; une autre, la Colombe qu'il difoit lui apporter les ordres du Ciel ; les douze autres repréfentent les douze Signes du Zodiaque : on croit qu'elles ont été frappées au Mogol, & que les caraétéres qui font au revers de chacune, font de ce pays-là.

Une Monnoye Chinoife de figure ovale, qui a deux pouces neuf lignes dans fon grand diamétre, & un pouce cinq lignes dans le petit, avec des caraétéres Chinois des deux côtés.

Trente Médailles antiques de différentes Villes de France & d'Efpagne.

Biij

MÉDAILLES MODERNES EN OR,

Qui se trouvent dans le Cabinet de M. DU VAU.

Un grand Médaillon de Constantin le Grand, les Inscriptions en caractères Gothiques.

Un autre grand Médaillon de Charlemagne ; & au revers, l'Eglise d'Aix-la-Chapelle, dont il a été le Fondateur.

Neuf autres Médailles d'Empereurs d'Occident, Louis qualifié Empereur des Romains, Frideric III, Charles V, Rodolphe II, deux Ferdinand III, deux Léopold, Charles VI, & Marie Thérése, Reine de Hongrie & de Bohême.

Sept Rois de France de la premiére Race, Childebert, Childeric, deux Clotaire, Dagobert, Théodebert & Charibert.

Onze Rois de France de la troisiême Race, Philippe III, un autre Philippe, Jean, Charles, Louis, Louis XII, grand Médaillon ; au revers, Anne de Bretagne : autre Médaille de Louis XII, au revers, *Perdam Babilonis nomen* : François, Henry II, François II, & un grand Médaillon de Charles VIIII, 1571.

Trois Médailles du Cardinal de Bourbon, où il est nommé Charles X, Roi des François.

Une Médaille triangulaire frappée à Cambray pour François, frére de Henry III, 1581.

Une autre de Catherine de Médicis.

Deux de Henry IV ; six petites Médailles qui représentent Henry IV & Marie de Médicis affrontés.

Un très-grand Médaillon de Henry IIII, & le plus grand du Cabinet : on y voit d'un côté le Roi & la Reine, *capita jugata* ; & au revers, le Roi & la France qui se donnent la main, le Dauphin au milieu d'eux, avec l'Inscription, *Propago Imperi*, 1603.

Trente-deux de Louis XIII gravés par le célèbre Varin, dont il y en a un très-grand, & un autre grand.

Une petite Médaille où on voit d'un côté le Roi, & au revers, la Reine Marie sa mère.

Une qui porte au revers le Cardinal de Richelieu, avec cette Inscription; *Curâ reddidit Imperium* : une autre du Cardinal de Richelieu.

Six de Louis XIV, dont l'un est un Médaillon ; un porte au revers la Reine Anne d'Autriche, & un autre, Marie-Thérèse.

Trois de Louis XV, dont un Médaillon.

Quatre Médailles, dont une représente Mathias, Roi de Hongrie; une autre, Jean Roi de Sicile & d'Arragon ; la troisième, un Duc de Milan de la Maison de Visconti; la quatrième, un Seigneur inconnu.

Un grand Médaillon de Henry, Roi d'Angleterre.

Une Médaille d'argent doré de la Reine Elizabeth.

Deux Médailles d'or de Jacques I, Roi de la Grande-Bretagne.

Une grande de Charles I, & une autre de ce Roi & de la Reine son épouse, 1625.

Deux de Cromwel, 1636.

Une de Guillaume III & de la Reine Marie son épouse, 1664.

Quatre de la Reine Anne, dont un Médaillon; une petite de Georges I, 1718.

Deux de Gustave-Adolphe, Roi de Suéde.

Deux de Charles XI, dont un grand Médaillon qui porte au revers la Reine Uirique son épouse, gravé par le fameux Karlstein.

Une de Charles XII en 1708, & une d'Ulrique-Eleonore, Reine de Suéde, 1720.

Un Frideric III, Roi de Dannemarc, 1657, & un Frideric IV, 1725. Une très-petite Médaille de Frideric IV, & une autre de la Reine Louise son épouse.

Frideric, Roi de Bohême, 1619.

Conrad, Roi, très-petite Médaille.

Frideric-Guillaume, Roi de Prusse, 1722.

Pierre Alexiowitz, Czar de Russie, 1712.

Georges Rakoci, Prince de Transilvanie, 1648.

Deux Maximilien Emmanuel, Electeur de Bavière, 1703 & 1711.

Trois petites Médailles de trois Archevêques de Salzbourg, 1659, 1668, 1707.

Une très-belle Médaille frappée en 1696, avec cette Légende, *Ara Pacis*.

Martin Luther, 1717. Huldric Zuingle, 1719.

Deux Jean V, Roi de Portugal, pour la Paix d'Utrech, 1715. Trois petites Médailles du même Prince, 1719, 1720, 1723.

Une monnoye Turque, 1110 de l'Egire.

Un Ducat de Venise, une petite monnoye quarrée de Gênes, un sol de Modène, deux petites monnoyes du Mogol.

MÉDAILLES D'ARGENT ANTIQUES.

On voit encore dans le Cabinet de feu M. Du Vau nombre de Médailles d'argent antiques & modernes. Dans un des tiroirs, on trouve vingt-six Médailles Impériales bien conservées ; de ce nombre sont une tête de Jules César voilée, un Marc Antoine, un Lépide, une Julia Titi, une Marciana, quatre Commode, un Pescennius Niger, un Carausius : & au revers, *Expectate veni* : & un très-beau Vétranion de la plus grande rareté.

Dans un autre tiroir, il y en a trente-huit encore Impériales.

Dans un autre, cinquante Médailles antiques, dont quelques-unes sont Grecques, d'autres Latines ; il y en a en caractéres inconnus, & la plûpart sans Inscription.

Il se trouve encore quarante Médaillons antiques Grecs des Rois de Sirie & de Macédoine, & de quelques Empereurs Romains.

Enfin on y trouve vingt-cinq Médaillons d'Empereurs Romains frappés par le Padouan, qui peuvent servir de pièces de comparaison.

MÉDAILLES MODERNES EN ARGENT.

Un grand Médaillon de Louis XII, au revers, la Reine Anne son épouse ; une Médaille du même Roi, où il est qualifié Duc de Milan.

Un Henry II, 1554. Une Catherine de Médicis qui est un Médaillon ; deux de François II, 1559, pour son Sacre : un Médaillon de Charles IX, 1563 : au revers, Catherine de Médicis sa mére. Deux Médaillons du même Charles IX différens, pour la Journée de S. Barthelemy, 1572. Deux Henry III, Roi de France & de Pologne, 1579, 1581 ; un du Cardinal de Bourbon sous le nom de Charles X ; un très-grand Médaillon de Henry IIII ; cinq petites Médailles du même Roi ; une Médaille de Louis XIII pour son Sacre, 1610 ; un Médaillon du même Roi, 1613 ; un piedfort de 1618 ; huit petites piéces depuis 1615 jusqu'en 1629. Deux piedforts de 1643 ; neuf petites piéces de 1641, 1642, 1643 ; un grand piedfort du même Roi, 1643 : un grand Médaillon de Louis XIV : au revers, la Reine Anne d'Autriche sa mére, 1643 ; un autre Médaillon de la même année 1643 ; un piedfort de 1644 : sept petites piéces de 1643 & 1644 ; un Médaillon pour son Sacre, & une autre Médaille pour le même événement, 1654 ; un Médaillon d'Anne d'Autriche, 1660.

Une Médaille qui représente Louis XIV & Marie-Thérése, *capita adversa* ; un Médaillon où on voit d'un côté Louis XIV, & de l'autre, la Reine son épouse. Deux autres Médaillons où on voit la Reine Marie-Thérése, & au revers, la Reine Anne d'Autriche. Un Médaillon où on voit d'un côté *Maria-Theresia Regi nupta*, 1660 ; & au revers, *Natalis serenissimi Delphini*, 1661. Neuf petites piéces de Louis XIV depuis 1674 jusqu'en 1687 ; un grand Médaillon de Louis XIV ; & au revers, *Hæresis extincta* : un autre Médaillon, dont le revers est, *Templis Calvinianorum eversis* : cinq piéces depuis 1709 jusqu'en 1715.

Louis XV, & au revers, Louis le Grand ; un autre de Louis XV, dont le revers est Philippe, Duc d'Orleans ; un pour son Sacre, 1722 ; un où on voit Louis XV & Marie-Anne-Victoire Infante d'Espagne, *capita adversa*, avec la Légende, *pactum Connubium*, 1721 : un grand Médaillon où on voit le Roi & l'Infante, *capita adversa*, & pour Légende, *Ludovici Magni Pronepotes*, 1721 : un autre Médaillon pour l'arrivée de l'Infante à Paris, 1722.

Trois Médailles, 1723. *Nuptiæ Hispano Gallicæ triplex Connubium* ; un Médaillon de 1723 , dont la Légende est, *Imperium susceptum*; un autre : *Avitum Regimen restitutum* 1726 ; un de 1727 , *Nobilium Epheborum Institutio militaris renovata.* Trois piéces depuis 1740.

Diane, Duchesse de Valentinois, grand Médaillon ; Gaston & Marie, Souverains de Dombes, *capita adversa* ; Anne-Marie, Princesse Souveraine de Dombes , Henry d'Orleans Duc de Longueville , Prince de Neufchâtel ; trois Médailles, dont deux plus grandes, de Marie Princesse Souveraine de Neufchâtel ; un grand Médaillon du Cardinal Mazarin , & une Médaille du même ; le Chancelier Le Tellier ; un autre Médaillon où on voit d'un côté François de Fenelon, Archevêque de Cambray , avec cette Légende, *Cedit vir magnus ut instet fortiùs* ; & de l'autre, Jansénius, Evêque d'Ypres , avec celle-ci , *Surgit quoque posthuma veritas.*

Charles II , Roi d'Espagne & des Indes , Comte de Flandres , grand Médaillon ; un autre Médaillon où l'on voit Philippe V , Roi d'Espagne , & la Reine Marie-Louise-Gabriële son épouse, *capita jugata* ; un autre moins grand représentant d'un côté Philippe V ; & au revers, la Reine Marie-Louise-Gabriële : enfin un Philippe V , 1725.

Ferdinand , Roi de Navarre ; deux Jeanne, Reine de Navarre ; l'une de 1566 plus petite , & l'autre de 1568.

Henry VII , Roi d'Angleterre ; deux Henry VIII , petits l'un & l'autre ; trois Edouard VI, dont un plus grand , Philippe & Marie Princes d'Angleterre, de Naples & d'Espagne , 1554 ; Philippe & Marie, Roi & Reine d'Angleterre , 1557 ; une autre Médaille pour la mort de la Reine Marie , 17 Novembre 1558.

Deux Médailles d'Elizabeth , Reine d'Angleterre , Jacques VI Roi des Ecossois , 1594 ; Jacques Roi de la Grande-Bretagne ; deux Médailles de Charles I Roi de la Grande-Bretagne ; Charles I & Henriette-Marie, Roi & Reine de la Grande-Bretagne , *capita adversa* ; Henriette-Marie de Bourbon, Reine de la Grande-Bretagne ; un très-grand Médaillon d'Olivier Cromwel ,

1658 ; trois autres du même, mais de moindre grandeur ; douze petites piéces du même Usurpateur. Charles II, sa naissance, 29 Mai 1630 ; Charles II , Roi, 23
Avril 1661. Trois autres Médailles de Charles II. Trois
Médaillons, sur l'un desquels le Roi & la Reine Catherine, son épouse, *capita jugata* ; sur un autre, le Roi
d'un côté, la Reine au revers ; sur le troisième, la Reine
seule : un autre Médaillon où l'on voit le Roi seul : treize
petites piéces du même Roi depuis 1670 jusqu'en 1683.
Jacques II pour son Inauguration , 23 Avril 1685 ; neuf
petites piéces du même Roi. Trois Médailles de Marie ,
Reine de la Grande-Bretagne ; un Médaillon & une
petite Médaille où on la voit d'un côté ; & de l'autre ,
Guillaume III , Roi : quatre petites Médailles où on les
voit tous deux, *capita jugata*. Deux grands Médaillons,
dont l'un marque la mort de Marie en 1693 ; & l'autre , son Mausolée en 1695. Trois petites Médailles de
Guillaume-Henry , Prince d'Orange , 1659 & 1660.
Un Médaillon de Guillaume III, 1692 ; une petie piéce
du même de 1701. Anne, Reine de la Grande-Bretagne,
son Inauguration , 23 Avril 1702. Une autre où on
la voit d'un côté ; & au revers, son Epoux George ,
Prince de Dannemarc. Vingt-trois Médaillons qui représentent différens événemens du Régne de cette Princesse. Trente-neuf petites piéces de Monnoye qui ont
eu cours sous son Régne.

Un grand Médaillon de Georges I pour son Inauguration, le 20 Octobre 1714 ; une Médaille du même
Roi , 1723. Une petite Médaille de George II , 1728 ;
trois autres plus petites, 1729 , 1730 & 1737 : un Médaillon pour le Couronnement de la Reine son épouse ,
11 Octobre 1727. Jacques, Prince de Galles ; & au
revers, Jacques II. Jacques III, Roi de la Grande-Bretagne ; & au revers, la Princesse Louise sa sœur : deux
autres Médailles du même Prince ; au revers de l'une on
lit, *Reddite cujus est* ; au revers de l'autre , *Dominum
cognoscite vestrum*. Un Médaillon du Duc de Mon-
mouth, 1683 : un autre de Guillaume Laud, Archevêque
de Cantorbery, 1644 ; & au revers on lit, *Sancti Ca-
roli Præcursor* : la Duchesse de Portsmouth.

Grégoire XIII Pape , 1572 , Clément IX , Innocent XI , Alexandre VIII , Innocent XIII , Benoît XIII , Ferdinand , Roi de Sicile ; un grand Médaillon frappé à Venise, on lit au revers, *Leoni ultori* ; Cosme II , Grand Duc de Toscane , au revers, Marie-Magdeleine d'Autriche son épouse ; Conrad II , Roi des Romains , Duc & Gouverneur de Gênes , 1626 : une petite monnoye de la même République.

Ferdinand II , Empereur , 1624 ; Léonor épouse de l'Empereur Frideric III . une petite monnoye de Léopold , 1682 ; une grande Médaille du même Empereur, 1687 : une autre de 1691 où il est appellié *Triumphator Gentium Barbararum. Josephus I, Hungarorum Romanorum Rex* , 1690 : *Josephus, Rom. Imperator* , 1705 : Elizabeth Chriftine , pour avoir mis au monde un Archiduc , 1716 : François, Grand Duc de Toscane , couronné Roi des Romains, 1745.

L'Imperatrice Sophie, pour sa mort, 1669 ; Maximilien Emanuel Electeur de Bavière · Joseph Clément de Bavière, Electeur de Cologne : Ferdinand Albert, Duc de Brunfwic , & au revers , Antoine-Amélie son épouse ; Elizabeth-Sophie, Duchesse de Brunfwic : Charles Landgrave de Heffe ; un grand Médaillon de Zeyden, dont la Légende est en Hollandois ; un autre où on voit un Saint qui donne une longue Croix à un Prince.

Charles , Duc de Lorraine , 1587 : François de Lorraine , 1596 : Charles IIII , Duc de Lorraine , 1660. Une autre Médaille du même Prince un peu plus grande, 1668 : Léopold, Duc de Lorraine, 1701.

Une Médaille appellée *Triangulus Majefaticus* , où on voit dans un triangle Frideric Roi de Pologne, Frideric Roi de Dannemarc , & Frideric Roi de Pruffe.

Guftave Adolphe, Roi de Suéde : & au revers, la Reine Chriftine après son abdication , avec la Légende , *Non fit tamen indè minor.*

Trois Médailles de Charles XI, Roi de Suéde : l'une où il est appellé Charles Guftave.

Une autre pour sa réception dans l'Ordre de la Jarretière, 1671 : & une autre de la même année qui est plus petite. Charles, Prince Héréditaire de Suéde, 1688 ; deux du même Charles XII devenu Roi ; dans l'une de 1700 il eſt appellé *Ruſſorum Triumphator* : Ulrique Eleonor, Reine de Suéde, 1719.

Frideric IIII, Roi de Dannemarc, petite Médaille.

Martin Luther, Jean Calvin, Médaillons l'un & l'autre. *Viglius Ayta a Zuichem, V. J. Doctor*, petite Médaille.

Vingt petites monnoyes de différens pays, & deux qui ſont du Mogol.

MÉDAILLES DE BRONZE ANTIQUES.

On trouve dans le Cabinet de feu M. Du Vau quelques Médailles de bronze antiques & modernes. Il y en a cent quarante antiques de toutes grandeurs, dont il y en a ſoixante-ſept qui ſont tellement fruſtes, qu'on a peine à déchiffrer les caractères des Inſcriptions; mais il y en a ſoixante-treize d'Empereurs Romains depuis Pompée juſqu'à l'Empereur Conſtance, qui ſont mieux conſervées.

MÉDAILLES DE BRONZE MODERNES.

Grégoire XIII, Pape, deux Médailles d'Alexandre VII qui ſont dorées, Clément IX, Alexandre VIII, Antoine, Cardinal de Granvelle : une argentée du Cardinal de Richelieu, 1631 : une autre du même Cardinal de 1638, qui n'eſt que de bronze pur : S. François de Sales.

François I, Henry II, 1551 : Charles IX, 1565 : & au revers, Catherine de Médicis ſa mére : cette Médaille eſt dorée ; Henry IV, 1597. Un autre très-grand Médaillon qui repréſente Henry IV & la Reine Marie de Médicis ſon épouſe, *capita jugata* : & au revers, la Légende, *Propago Imperi*. Deux Marie de Medicis, dont l'une a pour Légende, *Læta Deûm Partu* ; Louis XIII, Louis XIV & Marie - Théréſe qui ſe regardent ; Louis XIV, & au revers pour Légende, *gratia & pax à Deo*, & pour Exergue, *Ob Reſtitutam Eccleſiæ Con-*

erdium, 1669. Louis le Grand, & au revers, les tércs du Dauphin & des trois Princes ses Fils, avec cette Légende, *Felicitas Domûs augustæ*, 1693. Louis XV & Infante Marie-Anne-Victoire, *capita adversa*, 1721. Louis XV, & au revers, la Reine Marie, Fille du Roi Stanislas : un autre Louis XV, qui a au revers, *Ob Natales Delphini*, 1729. Elizabeth-Charlotte Palatine du Rhin, Duchesse d'Orléans.

L'Empereur Ferdinand III, Roi d'Hongrie & de Bohême, 1642, Médaille dorée ; Maximilien César Duc d'Autriche & de Bourgogne ; & au revers, Marie-Charlotte, Duchesse de Bourgogne.

Philippe II, Roi d'Espagne.

Une petite Médaille dorée de figure ovale, représentant Charles I. Roi d'Angleterre, d'un côté, & de l'autre, la Reine Marie-Henriette son épouse, sans Inscription une autre Médaille dorée de Cromwel, 1658.

Le Chancellier Brulart ; Henry, Duc de Rohan, Pair de France ; le Maréchal de Bassompierre, 1633 ; le Maréchal de Bellegarde ; le Premier Président de Lamoignon, 1679 ; François Miron, 1605.

Nicolas de Launay ; Antoine Coypel ; *Victoria Yvriaca*, 1690 ; un grand Médaillon moderne d'Antonin Pie ; une Médaille de la Calote, *Luni duce & auspice Momo*.

AUTRES CURIOSITÉS.

Monsieur DU VAU ne s'appliquoit pas seulement à faire une belle & ample collection de Médailles ; on trouve encore dans son Cabinet d'autres objets de curiosité. On y voit un assez bon nombre de Pierres gravées, les unes qui sont montées en bagues, & d'autres qui ne le sont point ; elles sont antiques pour la plus grande partie ; il y en a plusieurs gravées en creux, d'autres en relief : elles ne sont pas moins recommandables par la beauté des pierres, que par l'élégance de la gravure. Il y a d'autres Curiosités, comme un très-beau Saphir, une petite Croix de lapis. Il y a aussi quelques Tableaux de bons Maîtres ; mais ce Cabinet est

riche, fur-tout en Portraits en émail, dont la plûpart ont
été peints par le célébre Petitot. On trouve dans fon Cabinet de Livres tous ceux qui ont rapport aux Médailles, & beaucoup d'autres qui ne font pas moins
curieux : tel eft le grand Mezeray, 3 vol. fol. de la
bonne Edition de Guillemot, 1643.

A TROYES, de l'Imprimerie de la Veuve
MICHELIN, Imprimeur du Roi.